Stéphane LE PINIEC

Plaisirs Sensuelle

Stéphane LE PINIEC

Plaisirs Sensuelle

Ouvrage Érotique

Éditions Muse

Imprint

Cover image: www.ingimage.com

Publisher:
Éditions Muse
is a trademark of
Dodo Books Indian Ocean Ltd. and OmniScriptum S.R.L publishing group

120 High Road, East Finchley, London, N2 9ED, United Kingdom
Str. Armeneasca 28/1, office 1, Chisinau MD-2012, Republic of Moldova, Europe
Printed at: see last page
ISBN: 978-620-4-97315-9

Plaisirs sensuelle

de

Stéphane LE PINIEC

Plaisirs Sensuelle

Introduction

A tous les genres sexuels,
Qui se retrouverons,
Dans quelques beaux manuels,
Que parfois ils liront,
Je ne conseille pas ce cruel,
Recueil un peu trop con,
Dont le langage vous appel,
Et rassemble ce que font,
Pour remplir leur gamelle,
Et se faire des ronds.

Je ne conseille pas ce recueil,
Aux jeunes de moins de dix-huit ans,
Belles fleurs que l'on cueille,
Bien avant que soit venu leur temps,
Je ne conseille pas ce recueil,
Même aux plus de dix-huit ans,
Car il y des passages très choquent,
Alors à vous de voir dedans,
Ce qui est vraiment important.

Le porno en poésie,
C'est parfois très incisif,
La poésie et ainsi,
Qu'elle peu piquer au vif,
Vous troubler aussi,
Vous jetez sur des récifs,
L'esprit ouvert comme si,

En permanence pensif,
Vous ne quittiez le récit.

Gars aux voyeurs de littérature à deux balles,
Ce n'est pas un ouvrage simplement porno,
Même si on y rencontre bien des trous de bals,
Je veux y dénoncer bien fort et bien haut,
Ce qui est pourtant très idiot,
Que la littérature du porno,
Elle rassemble bien du magot,
Allège le magot de l'idiot,
Mais vous n'êtes pas des ballots,
Lisez donc les vers pour les mots.

Alors maintenant bonne lecture,
Ne vous faites pas de petits films pornos,
Car je n'ai fait je vous assure,
Que rassembler de petits morceaux,
De vertes parures,
De bien des agneaux.

Avant-Propos

La poésie est un rêve que le poète renouvelle constamment, le propre du talent et de se mettre dans la peau de son personnage et de lui faire ressentir les choses comme elles doivent-êtres ressenti dans la réalité. Dans ce recueil j'ai voulu être une femme, un peu homme mais c'est surtout la femme qui parle. La femme qui a des désirs que rien n'arrive à assouvir alors, elle se tourne vers les animaux. Toutes sortes d'animaux y passent, du cheval à l'araignée, c'est fou ce qui lui pénètre dans l'anus ou le vagin. Les hommes bien sur eux aussi y passent, bien souvent plusieurs à la fois. Des orgasmes elle en a tous les jours avec n'importe quoi. Sexetoys dans le vagin, un sexe de poney par l'anus, elle se paie vraiment beaucoup de bon temps. On a très souvent l'impression de voir une femme différente à chaque poésie, mais c'est l'idée de la femme qui survit toute au long de cet ouvrage et non la femme physique réellement. Je vous entraine dans un monde parfaitement imaginaire, plein de fantasmes, de jouissance et de brutale douceur sexuelle. Ce n'est un roman ni un dictionnaire, c'est surtout des épisodes de vie, d'un instant fragile d'une fille facile. Je me suis beaucoup amusé, même si j'y ait dénoncer en les énonçant, des choses que je ne citerais pas pour le moment mais qu'en lisant, vous comprendrez mon ressentiment envers ces choses. J'ai mis du cœur à écrire cet ouvrage que je le veux être une œuvre d'arts telle une peinture de la nature humaine. Je ne décris pas de sentiments de façon volontaire car la poésie est-elle, déjà, pleine de tendresse par les vers qui s'accordent entre eux. L'érotisme de cette ouvrage poétique est un peu grossier au début mais il s'affine au fur et à mesure des poésies. Ce qui est vrai pour les mots, l'est aussi pour les bêtes qui deviennent de plus en plus petits vers la fin, pour retrouver en suite une taille raisonnable. Bien entendu, vous l'avez compris je me suis assez penché sur la zoophilie dans cette œuvre comme elle se montre, quand elle se dévoile. Brutale, insensible et insensée mais pleine de raffinements dans le recherche du plaisir qui fera naître l'extrême jouissance du sujet qui s'y prête. Ecoutez les mots chantez en vous, laissez monter les vers dans votre corps, regardez pénétrer les mots. Ils ne sont pas idiots pas grimpe toujours plus haut dans l'absolue dévotion au sens du plaisir. Ne laissez pas passer les mots, faites-vous un instant de désir, faites-vous plaisir, laissez-vous sombrer dans des idées que l'on ne saurait réaliser un jour.

Obsession, les images se bousculent

Je n'ai qu'une envie, c'est le désir,
Je n'ai qu'un rêve, me faire plaisir,
Et si ma vie tourne par surprise,
Les vues ne me suffisent,
Pas à compter mes envies,
Ne comble pas ma vie.

Ta nudité caresse,
Le lit où tu paresse,
Le matin ensoleillé,
De cette nuit d'été,
La nuit a disparu
Le jour n'est plus.

Il n'y a que toi,
Toi, toi, toujours toi,
Qui sous mon toit,
Ne mais tu pas,
De vêtements sur toi,
Tu révèles en moi,
L'être que je ne suis pas,
Et que tu ne comprends pas.

Jouissance intime

Corps totalement nue,
Contre un autre corps nue,
Le sexe est providence,
L'ouvrage et la sentence,
Que libère la semence,
D'un corps en transe.

L'homme et la femme,
Se libère aux flammes,
D'une jouissance diabolique,
De dense intense, ils abdiquent
Sous le boutoir de l'homme,
La femme libère ses hormones.

Les siècles ont passées,
Les sciences ont évolué,
Mais pour procrée,
Naturellement passé,
Par cette absolue nécessitée,
La nature en a décidé
Il ne faut donc y cédé,
Pour avoir un bébé.

D'Homme à homme

Tous deux on s'aime,
Pourquoi l'interdit,
Si quand bien même,
J'en prends le parti,
De sourire aux ânes,
Qui nous traite de PD ?
Ce n'est pas la panne,
De la débilité.

Ton corps contre le mien,
Je te glisse la main,
Entre tes deux reins,
Et tu ne dis rien.
Ta bouche se rapproche de la mienne,
Je t'embrasse à perdre haleine,
Je t'aime mais comment le dire,
Comment ne pas faire souffrir.

Comme ma mère et mon père,
Qui vont crier misère,
Qu'ai-je mis sur la terre,
Que coule dans ces artères,
De ce fils dont je n'ai plus envie,
Qui ruine totalement ma vie,
Son sexe le détruit,
Ce type est abruti.

Fille amer

Nue sur le sable,
Elle attend sa compagne,
Pour faire sur le sable,
Les désirs qui les gagnent,
Seins contre seins,
La poitrine généreuse,
Elles se prennent les mains,
Et de leurs bouches pulpeuses,
S'embrasseront,
Et se serreront.

Les deux filles du lac,
Folle peut-être mais aimantent,
Elles en ont mis des claques,
A celle qui se disent charmantes,
Juste pour une expérience,
Pour voir ce que cela fait,
La monter en puissance,
De ces petites de fées,
N'a rien de ressemblent,
N'a rien de plus aiment.

Amoureuses d'une femme,
Elles s'effleurent et s'enflamment.

Tu t'invente des fantasmes

Seul devant ta glace,
Tu te joues des fantasmes,

En toi qui se passent,
Tu aimerais un orgasme.
Le cadi le pouf, tout y passe,
Avec ta main douce et fine,
Entre tes jambes tu la passe,
Tu cri d'une voie légère et fine,
Ta main te fait un bien subtil,
Entre tes reins tu jubile.

Discrète avec un pantin,
Qui te fait croire à un Alien,
Sur lui tu te sens bien,
Tu enfonces un objet qui traine,
Bien au fond de ton vagin,
Le liquide qu'il dégaine,
Viens te remplir soudain,
Cela te surprend à peine,
Tu te sens vraiment bien,
Tu t'épuise de va et viens.

Nue entre deux types,
Que tu ne connais pas,
Tu lui taille une pipe,
L'autre te sodomisera.
Dans ta bouche il éjacule,
Tu es surprise mais tu poursuis,
Dans ta gorge il s'accumule,
Tu avale le sperme du conduit,
L'autre se fait bien du plaisir,
Et cela le fait un peu sourire.

Tu fantasme dans ta tête,
Mais ceci n'est que du rêve,
Un rêve comme une bête,

Qui ne te fait pas de trêve,
Jambes en bas, jambes en l'air,
De partout tu te fais prendre,
Toute nue les seins à l'air,
Tu ne fais rien pour te défendre,
C'est ton choix, ta délivrance,
Tu assume ton indépendance.

Tu rêves tu vas te réveiller,
Tu es nue sur le pavé,
Seule dans la salle à manger,
Tu n'as fait que te masturbée,
Demain tu iras manger,
Chez les voisins de pallier,
Ensuite tu pourras danser,
Et aussi un peu chanter,
Il y aura un copain,
Pour te remplir le vagin.

Il faut que sa entre !

Tu pourras tout essayer,
De faire des choses entrer,
La porte n'ait pas fermé,
Elle n'ait pas verrouillé,
Peut-être un peu rouillé,
Mais ça devrait aller.

Alors, dans ton existence,
Il n'y a pas de sentence,
Si tu ne fais résistance,
A ce monde de péchés.
Le fruit de ta repentance,
Si tu as une conscience,
Un peu de pertinence,
Ce n'est pas un péché.

Tout ce que tu pourras faire,
Te mettre nue et te taire,
Mais hurler de plaisir,
Et dans un grand soupir,
Tu vas te mettre à jouir,
Jouir, jouir et encore jouir.

Entre femme vous êtes complices,
Les caresses cela vous excitent,
Vous frottez votre peau lisse,
Totalement nue tu te récite,
L'amour, la paix, le sexe,
Mais le plus beau c'est le sexe.

Tu lui prends le pénis,

Tu le serre dans ta main,
Si un peu cela glisse,
Bien fort tu le maintiens,
Ta poitrine se redresse,
Elle pointe vers telle une déesse.

Ton ami nu comme tu es nue,
Va se mettre à bander,
Tu devras comme convenu,
Te coucher et écarter,
Tes cuisses pour qu'il te pénètre,
Et même éjaculer peut-être.

Ton amie attend en haut,
Tu te déshabille totalement,
Sur ses genoux contre sa peau,
Elle te prendra amicalement,
Puis enfoncera sa main,
Au fond de ton vagin.

Pas par devant

Je rêve une fois que je me fais,
Par un bout je suce bien,
Par l'autre bout cela et parfais,
Que comme ça me fias du bien.
A quatre pattes je suis nue,
Je suis entre deux mecs aussi nus,
Je m'agite je me remue,
Dire que ces gens me sont inconnus.

Ma sexualité est débridée,
Je ne connais plus de limites,
Je ne sais plus quoi inventer,
Les réfractaires m'irritent,
Le pénis moues me chocs,
Mais ils ne sont pas légion,
Je suis un électro-choque,
Contre toute inhibition.

Pénétrations, pénétrations,
Je rentre en action,
Auprès des garçons,
Qui à leur façon,
M'honore brillement,
M'honore gentiment,
M'enfonce en gémissent,
Leur sexe bien puissant.

Les hommes se fatiguent vite,
Moi je jubile, cela me plait bien,
Mais les séances passent trop vite,
Dès le lendemain soir ça reviens,

En toutes circonstances,
Je rentre dans la danse.

Les jambes toujours prêtent,
A bien s'écarter pour être pénétré,
La poitrine toujours prête,
A être doucement caressée,
Je me fais sauter,
J'aime être sauté.

Pute je ne suis pas,
Je ne cherche pas d'argent,
J'aime comme cela,
Je ne cherche pas les gens,
Ils viennent naturellement,
Se soulager évidement.

Lesbiennes

Je ne suis pas une salope,
Ni une cochonne, ni une détraquée,
Moi et elle on fume des clopes,
Chacun par jour je craque paquet,
Les Week-ends je vie pour elle,
A chaque moment je pense comme elle,
Elle est bien trop belle,
Que faire sans elle.

Je suis en elle comme elle est en moi,
Je ne puis pour elle que me donner moi,
Mon corps lui appartient,
Mon cœur et donc le sien,
Je la dévore, je suis son jouet,
Que peut-on nous reprocher,
Entre mes cuisses elle glisse sa main,
Pour écarter les lèvres sous mes reins.

Elle les caressera,
Elle les léchera,
Elle le sait que j'apprécie cela,
Elle le sait et recommencera,
Je l'aimerais tant qu'existera le temps,
Même les jours où il y a du gros temps,
Cela passe et nous recommençons,
Nos jeux gentils et sans un garçon.

Les lèvres qu'elle apprécie,
Elle joue avec sans merci,
Elle les admire, les photographies,
Y mets les doigts s'en est une manie,

Et moi je sourie,
De jouet ainsi,
Devant une télé objective me plait,
Je me surprends d'aimer à m'exhibée.

Sa tête entre mes reins,
Je ne lui refuse rien,
Ses cheveux me caressent les anches,
Sur elle soudain je me penche,
Pour la maintenir frémissante de désirs,
Je pousse mainte fois des soupirs,
Mon corps vibre entier je lâche prise,
Elle se retour, s'allonge et me bise.

Juste un beau mec

Je ne me vente pas,
Non je ne te mens pas,
Regarde-moi,
Admire-moi,
Je suis né comme cela je n'y puits rien,
Ce corps là et bien tu le sais, le mien,
Je ne me regarde que,
Regarder la belle queue.

Cet énorme objet,
Juste entre les jambes,
Que même un gobelet,
Je crois, il me semble,
Et plus petit en taille,
Ce n'est donc une paille.
Le pénis, quelle aventure,
Le maitre de notre futur.

Les femmes me courent après,
Je prends les plus belles,
Une fois il m'est arrivé,
De tombé sur une transsexuelle,
Ce n'est pas de veine,
Elle rentra chez elle,
Elle me fit de la peine,
Je reconduis la belle ;

Je ne fais pas de concours,
Moi j'ai déjà ma cour,
A la porte de mon cours,

De tennis, près de la tour,
Qui n'attendent que moi,
Implorent à haute voix,
Que je sois sur leurs photos,
Souvent sans mes oripeaux.

Si j'avais une définition pour le sexe,
Je me nommerais moi,
Même si cela un peu te vexe,
Que je ne pense qu'à moi,
La nature m'a donné une belle verge,
De plus le mâle dominant,
Entre mes cuisses je l'héberge,
Et la sort de temps en temps.

Entre mec, c'est bon !

Entre nous en joue aux dures,
Entre nous on la joue pure,
Rien que du plaisir,
Avec le sourire,
C'est parfois pénible,
Quand un est la cible,
Des deux autres mecs,
Qui le font bien à sec.

Je n'ai pas le corps à vivre,
Des aventures avec des femmes,
Je suis gay gaie je veux vivre,
Sans jamais complaire aux femmes.
Je salive du sperme,
Quand je suce le pénis de mon copain,
J'avale vite son sperme,
C'est laiteux sa fait le plus grand bien.

Je vide mon esprit,
Je rayonne en moi-même,
Je me donne tout à lui,
Il me pousse aux extrêmes.
Mes fesses, sont à lui,
Il pénètre le conduit,
Ma verge est à lui,
Elle disparaît en lui.

Les premiers baisers,
Ne vont pas durait,
Après une longue journée,
Je suis déshabillé.

Je vais nu me baigner,
Il va me retrouver,
Dans l'eau un peu chloré,
Va me sodomiser.

Ah les jolis testicules pendants,
Que je vois de si près,
Je les malaxe, je les prends,
J'aimerais tend les croquer.
Et je me détends, doucement,
Sur le dos allonger,
Et ça les surprends, surement,
De me voir les apprécier.

Parfois j'aimerais être un transsexuel,
Mais garder le pénis pour le plaisir,
Cela serait bien inhabituel,
Moi, ça me ferais sourire.

Et c'est ainsi ;

Je suis devenu rebelle,
Moi qui étais un homme ordinaire,
Je suis même devenu belle,
Il ne me manque que les ovaires.
Avec les hormones que ne fais-t-on pas,
Je ne peux que saluer la science,

Pour avoir n'avancer doucement pas à pas,
Pour offrir dans un peu de silence,
Je sexe que l'on n'a pas,
Ils transforment tout cela.

Je n'ai que la moitié d'un homme,
Gay mais avec des enfants,
Je vie ma vie, comme un homme,
Et j'élève mes enfants.
Peu à peu je me suis libérée,
De l'homme qui est en moi,
J'en ai gagné que fierté,
Je me sens à présent moi,
Mes sains sont devenus gros,
Ils sont tous deux que plus beau.

Si vous saviez comme c'est dur,
D'être dans une peau que l'on n'est pas,
Bien sûr cela dure et perdure,
Jusqu'à ce que l'on franchisse le pas.
On ne sera jamais dans la vie,
Ce que vous voyez de nous,
En nous on sera à vis-à-vis,
Simplement entre nous,
Cette flamme devra être tolérante,
Elle devra même être indulgente.

Combien de facettes et de facéties,
Avons due éluder ensemble,
Comment inventerions-nous la vie,
Sans ammonie d'ensemble.
Dans une vie qui tant nous ressemble,
Avoir atteint l'ultime absolue,
De s'aimer soit même dans un ensemble,

Qui nous va tellement bien,
Je sens la vie qui revient.

Avoir un compagnon

C'est tellement peu banal,
D'avoir un animal,
Un jeu quelque peu annal,
Pénètre l'animal,
Elle jubile la bête,
Car aujourd'hui pour elle,
On lui fait sa fête,
Heureuse, douce est-elle,
Sur un corps de velours,
Elle va poser ses poiles,
Fait des allers retours
Sur ce corps nue, sans poiles.
Ne surtout ne pas s'essouffler,
Ben prendre sa respiration,
Et si on se fait un peu lécher,
Ce n'est rien, restons dans l'action.
Fondre se donner sans raison,

A l'animal qui remplace l'être immonde,
Nue comme un vers, un poisson,
La bête agite fortement sa grosse sonde.
Nue sous la bête les seins pendant,
Je cris de plaisir, de satisfaction,
Là je me donne vraiment du bon temps,
Avec un animal, j'ai mes raisons.
Il a le pénis dur ce chien,
Je ne m'en suis pas rendu compte,
Quand je le tenais dans la main,
Il bourre, il bourre,
Il aime bien cela,
Il bourre, il bourre,
Mais n'éjacule pas.
Moi je n'attends que cela,
Pour frémir de tout mon corps,
Pour l'orgasme rien que cela,
Avec un chien, du corps à corps,
J'écarte encore les fesses,
Je pousse un peu en arrière,
Pour que ainsi mes fesses,
Se plaque sur ces pattes arrière.
Un homme passe nous voyant,
Se pris soudain à notre jeu,
Il vain vers nous se déshabillant,
De notre occupation été curieux,
Il se mis à quatre pattes sur le ciment,
Le chien en lui y mis sa queue.

A la ferme

Je me sens bien à la ferme,
Il y a des chevaux de race,
Avec un pénis bien ferme,
Qui dans l'anus laisse des traces.
La zoophilie c'est ma façon d'être,
C'est ainsi ma façon d'exister,
Avec n'importe quel genre de bête,
Je me fais toujours sodomiser.

Le poney mange son foin,
Bien exciter devant ma chatte,
Je lui présente avec grand soins,
Mes fesses ou avec hâte,
Il va me sodomiser,
Ce n'est pas la première fois,
Cela maintenant il connaît,
Il m'enflamme l'anus à chaque fois.

Les fesses en l'air,
Le pénis au derrière,
Ça donne des airs,
De ne pas être fermière,
S'il éjacule dans l'anus c'est très clair,
Que je n'en prendrais pas mal sur le corps,
Je me sens bien et les idées très claires,
Je transpire à abondement sur les corps.

Très doucement,
L'anguille pénètre dans le vagin,
Très doucement,

Elle n'ira pas tellement loin,
Douce et gluante est l'anguille,
Cela me fait des frissons partout,
Attention électrique est l'anguille,
Cela me ferait un sacré coup.

Zoophilie quand tu nous tiens,
Pas besoins de parler en latin,
Zoophilie ce n'est pas bien,
Nous ne sommes plus des humains,
Plus des bêtes qu'autre choses,
Alors pourquoi c'est envies,
Pour gouter à bien des choses,
Ceux pour quoi on a qu'une vie.

Tout comme,

Une illumination,
Un désir,
Quand on pas à l'action,
Sans souffrir,
De la masturbation,
En sourire,
Sans une permission,
Le plaisir.

Seul dans son coin on fait,
En solitaire,
Des gestes pour satisfaire,
Bien sûr se taire,
Que l'on soit en couple,
Ou célibataire,
Il faut être bien souple,
Mais pas pervers.

Jouer avec le sexe des enfants,
Je ne trouve pas cela amusant,
Cela est même très décadent,
Le pédophile est trop indécent.
Sur l'internet on fait croire à des gens,
Que des gamines ont bien dix-huit ans,
On nous prend pour des cons c'est évident,
Et sur leur cul ils font beaucoup d'argent.

Les hommes qui se masturbent,
Devant ces enfants,
Pourrait utiliser leur tube
Bien autrement,

Mais je ne confierais pas à eux,
Mes propres enfants,
Le sexe peut-être être un jeu,
Mais pas les enfants.

Une femme qui se caresse,
Doucement,
Les seins avec sans cesses,
Des mouvements,
Des cuisses qui s'écartent,
Les corps par en avant,
Est pressée que l'on parte,
Elle enlèvera ses vêtements.
Se mettra à quatre pattes,
Le chien arrivera en courent,
Se mettra sur deux pattes,
L'à sodomisera doucement.

Ange ou démon,

Ne valait-il pas mieux,
A celui que l'on croit aimer,
N'avoir tourné les yeux,
L'aurais-je vraiment aimé.
Ne valait-il pas mieux,
Qu'au détour des années,
J'aurais fait des envieux,

Jamais je ne pardonnerais.
Ce qu'il m'a fait,
Ce qu'ils m'ont fait.

J'ais du sucer des bites,
J'ais du en avaler,
Du sperme de leurs bites,
Quand ils m'ont maitrisé.
Que ce soit sur un lit,
Que la chambre à coucher,
Quant à la sodomie,
C'était sur le canapé,
Quand il a éjaculé en moi,
J'ai tout de suite senti un froid.

Je n'avais pas d'affaire de rechange,
Quand j'ai quitté le domicile,
Nue je l'étais bien comme un ange,
Il m'a collé la tête l'imbécile,
Dans la machine à laver,
Me tenant la tête bien séré,
Puis il m'a sodomisé,
C'était un bel enfoiré,
Puis il m'a toute nue emmené,
Dans un lieu où il m'a attaché.

Je me souviens avoir eu les fesses,
Au-dessus des toilettes,
Qu'il mettait en route sans cesses,
Me faisant une toilette,
Forcée bien évidement,
Mais cela me faisait du bien à la chatte,
Alors je m'abstenais poliment,
Mais cette histoire me mis la chatte,

Dans un état d'excitation,
J'aurais voulu plus d'action.

Quand on m'a retrouvé j'ai demandé,
A ne pas être habillé,
Que l'on m'amène loin dans la forêt,
Que l'on veuille m'attaché,
Bien fort les poignés
Pour être sodomisé.

Amour telle une belle,

Amour, amour comme une bête,
Tu me défonce à tu tête,
Sans jamais aucune raison,
Je ne vois aucun horizon,
Dans ces drôles de relation,
Qui te fait grimper au plafond.

Amour, amour la princesse,
Ne sait montrer que ses fesses,
A ce butoir de la passion,
Il n’y pas de déception,
Il n’y a pas la moindre agression,
Je suis en pleine soumission.

Amour, amour jamais ne te laisse,
Même si parfois fort tu me fesse
Sans ménagement, sans raison,
Le sexe est notre religion,
Que sait bon de vivre comme ça,
Que j’aime te sentir en moi.

Amour, amour qu’il ne reste,
Pas une peau, pas un zeste,
Sur le fruit de la passion,
Ce raisin qui est si bon,
Tu soulage tranquillement ta verge,
Avec toi je ne suis plus vierge.

Amour, après toi il y a quoi,
Entre la vie, la mort et puis toi,
Je vois de bonne raisons,

Pour te donne ta ration,
De quotidien d'amour,
Le sexe jours après jours.

Amour, amour quel amour ?
Si cela nous plait toujours,
On pourra peut-être se faire un poney,
Ces petits ces animaux vont bien aimer,
De nous bourrer,
Nous enculer.

Amour, amour quelle affection,
Nous transmettons ce canasson,
Par ces mouvements dans le conduit,
Je sens mon anus totalement cuit,
Mes jambes vont bientôt me faire défaut,
Mais je jouie, je le cri très haut.

Comme des allumettes

Comme un chalumeau qui me chauffe,
Comme un vieux chaudron qui réchauffe,
Dans mon anus les machines,
Me pénètre mais pas ne pine,
Dans le corps qui est le mien,
Toute nue je me tiens bien,
Devant toutes cette bande de médecin,
Qui testent entre fesses et mes reins,
Leur matériel à enculer,
Les femmes et les gays.

Là je suis bien allongé,
Sur cette table un peu plaquée,
J'attends-je ne ressens pas grand-chose,
Cette machine n'est qu'une chose,
Petit à petit, à force de remuer,
Je sens mes reins se cabrer,
Je n'ai pas de nausée,
Ni d'envie de hurler,
Juste un désir de baiser,
Avec ce truc cet objet.

Et pour les mecs qui se font enculer,
L'anus ils vont se faire bien arracher,
Il faut en avoir vraiment envie,
Ça va leur pourrir toute la vie,
D'avoir c'est parti de jambes en l'air,
Avec ces machines qui sont en fer.
Je me demande à quoi ça leur serre,
De faire ses trucs avec leur derrière,
Tant mieux pour eux si ça leur plait,

Au moins, ils n'auront pas de bébé.

Sur ces machines il règle la vitesse,
Pour que ça aille plus vite dans les fesses,
Il s'agite bien fort et très vite,
Tout son corps tremble même sa bite,
Alors il la prend en main,
Il la regarde très bien,
Il se met à la secouer à se masturber,
De haut en bas et s'il le pouvait,
Il irait même jusqu'à la sucer,
Il le ferait je peux le parier.

Animal possession

Je suis possédée par le sexe,
Je suis animée par le sexe,
Je ne désir que du sexe,
En moi mourir par le sexe.
Je suis malade du sexe,
Révoltée par mon sexe,
Encule-moi je veux du sexe,
Devant derrière c’est ça le sexe.

L’amour est puis quoi sans le sexe,
L’amour porno avec que du sexe,
Ça fait plaisir, c’est bon le sexe,
Ça ne peut pas nuire, le sens du sexe.
Je veux détruire tout le reste,
Je ne veux qu’il ne me reste,
Le goût chronique pour le sexe,
Pas de phobie pour mon beau sexe.

Le ne veux vivre que pour le sexe,
Sous les boutoirs d’un bien gros sexe,
Qui m’enculera,
Me sodomisera,
Avec sa bite, son beau sexe,
Avec ma chatte sur son sexe,
Je veux qu’il m’enfile comme un rien,
Je veux qu’il me face le plus grand bien.

Par-dessus les toits je veux crier,
Qu’a toute instant je peux me donner,
A tous mec qui saura me baiser,
Je ne veux personne pour pardonner,

Si par souhait par plaisir,
Je me fais tellement jouir,
Alors prenez moi, pénétrez-moi,
Je suis une salope enfilez moi.

Toute ma vie je veux du sexe,
Toute la vie ne sera que sexe,
Pour toujours je veux vivre de sexe,
Sans amour, que du plaisir de sexe.
Alors ne fait pas la guerre mais du sexe,
Ne vous battez pas ayez donc le reflexe,
De ne vouloir que du sexe,
La vie avec que le sexe

Prend moi

Attrape-moi,
Défonce-moi,
Je ne suis pas à toi,
Mais pénètre-moi,
Je ne veux que cela,
Ne désir que cela,
La vie c'est comme ça,
Cela arrive comme ça,
Regarde-moi,
Déshabille-moi,
Toute nue tu me verras,
Cela sera mieux comme ça.

Attrape-moi,
Défonce-moi,
Je veux du sperme en moi,
Je veux ta sauce en moi,
Sodomise-moi bien profond,
Secoue bien le siphon,
Tu sais ça tourne roue en moi,
Alors fait bien attention à moi,
Toi tu ne me connais pas,
A cet instant je suis à toi,
Le temps d'une défonce de cul,
Et cela m'aura surement plus.

Attrape-moi,
Défonce-moi,
Je veux voir ta queue, que tu vas me mettre,
Je veux toucher la bite qui va aller certes,
Dans le creux de mes fesses,

Dans le trou est sans cesses,
Tu vas me secouer, ta va agiter,
Le cul, mon corps tout entier,
Alors enfile la, pénètre-la,
Mon corps n'est qu'à toi,
Je ne suis plus à moi mais soumis,
Et surtout ne me fait jamais la bise.

Je veux la sucer, bien la lécher,
Dans ma gorge j'avalerais,
Ce que tu vas éjaculer,
Ce que tu vas me donner.

Tricherie ?

Tu peux trier avec tes beaux sentiments,
Mais avec le sexe, jamais tu ne mens.
Tu peux trier un jour en te mariant,
Mais avec ton sexe se sera décevant.
Jamais le sexe ne trompe,
Même si toi tu te trompes,
Un jour de partenaire,
Que de ton derrière,
Tu en auras fait un courent d'air,
De le laisser trop trainer à l'air,
Certains ont cru bien faire,
Voulant juste te satisfaire,
Ils t'auront bourré comme il le faut,
Par l'anus toujours par défaut,
Bien sûr par devant souvent,
Tu risques d'avoir un enfant.

Tu peux tricher sur ton identité,
Mais par ton sperme tu et baiser,
Même si tu ne sais pas le faire,
Ni par devant ni par derrière,
Tu peux me traiter d'enculer,
Il faudrait peut-être y aller.
Pardon si je ne te fais pas éjaculer,
Pardon si je ne te fais pas bien bander,
Tu es peut-être gay, pourquoi pas,
Tu n'as donc pas essayé cela,
Peut-être que tu aimeras bien ça,
De sodomiser un type comme toi.
Fait donc comme moi,

Je suis bi crois moi,
Crois-moi j'aime beaucoup cela,
De palper des gros seins comme ça.

Le sexe ne trichera jamais,
Le sexe ne se vend jamais,
C'est du plaisir que tu monnaie,
C'est des désirs que tu satisfais,
De la perversité à la soumission,
D'un mec tout puissant en action,
Si tu ne prends pas ton pied,
Fait donc un autre métier,
Car sens me venter je te le dis,
Il y a des clients que je maudits,
Mais bien d'autres que d'être soumise,
C'est vraiment pour moi la terre promise.

Homme ou femme, animal

Bisexuel c'est dans ma nature,
Bisexuel simplement très pure,
Mon dépucelage je l'ais faite seule,
Ou pratiquement car j'étais seule,
Seule avec mon chien,
Seule je lui mis la main,

Entre ses reins je senti son pénis gonfler,
Dedans ma main je le vis bien bander,
Je me déshabillai me mettant toute nue,
Je le vis qui sur moi il voulait mon cul,
Je me retournai et mis son pénis,
Je l'enfonçais bien entre mes cuisses,
Ou plutôt mon derrière car le chien,
Etait monté sur moi sur mes reins,
C'est comme cela que je me fis enculer,
Par un beau toutou que j'avais cherché.

C'est par une personne noire qu'un jour,
Je croyais chahuter nue mais c'est l'amour,
Que l'on fit donc se grand jour,
Il me dépucela en quart de tour,
Avec son ça trompe d'éléphant,
Avec son pénis de pur-sang,
Mais les caresses de son amie me fit,
Entrer en moi dans un drôle de conflit,
Cela est naturel à cet âge ne se dire,
De quel côté sexuel sera son avenir,
Moi j'ai choisi les trois car cela me plait,
Le chien, l'homme et la femme son faits,
Différemment c'est donc de la diversité,
Quand moi je fais l'amour avec sincérité,
Je le fais avec tous et avec qui je veux,
L'animal ou l'humain ne valent pas mieux.

Avec un cheval j'ai découvert c'est fait,
Que cela pouvait vraiment être le pied,
Je vais à l'essentiel je suce après,
Son essence qui lui coule après,
Tout le long de son pénis,
Crois-moi ce n'est pas un visse,

Mais l'aime l'amour à l'air libre,
Alors se week-end si tu es libre,
Je jouerais la femme soumise à toi,
Ensuite tous les deux on se promènera,
On ira voir les beaux poneys,
Je me ferais par eux enculer.

Le visage d'ange

Elles ont un visage d'ange,
Les jeunes filles bien étranges,
Que l'on voit sur internet sur une scène,
Mais ce ne sont que des mis en scène,
Pour faire croire qu'elle on dit oui,
Mais c'est pour éviter les ennuies,
Que risque de courir leur famille,
Ou simplement car cette jeune fille,
A était vendu par sa famille,
C'est le sort de toutes leurs filles,
Pour qu'elles se faces sauter,
Par de bien riches étrangers,
Venu de tout le monde entier,
Pour ces jeunes filles enculer.

Parfois c'est pour des films pornos,
Qu'ils vendront à coup de promos,

Ou ces gamines se font sauter,
Sur les écrans de beaucoup de télé,
C'est bon, ça fait de la monnaie,
A ces macros de quartier bien payé.
Les femmes, les hommes se donnent,
Par plaisir souvent pour les hormones,
Ça soulage les testicules de ceux-là,
Ça fait du bien dans le cul de celle-là,
Ou dans la chatte, la bouche aussi,
Elles ont toujours vécu ainsi,
Elles ne se posent pas de questions,
Elles se croient dans une mission,

Ça fait presque plaisir pour elles,
De les voir ainsi donner d'elles,
Comme un grand plaisir un soulagement,
Elles crient, elles soupirent pratiquement,
Constamment,
Doucement.
Elle caresse, elle suce tous le temps,
Les bites que les hommes nus lui tendent.
Pour eux bien sûr c'est pour jouir,
Ils ne regardent par le martyr,
Qu'elle subit constamment, journellement,
On la croirait une véritable jument,
Qui se fait sauter en permanence,
C'est triste quant à cela je pense.

Ne t'en fais pas

Ne t'en fais pas, tu verras il bandera,
La nature a fait les mecs comme ça,
Alors jamais tu n'oublieras,
Quand il viendra et t'enculera,
Que ça te faisait peur,
Te mettant la terreur,
Jusqu'au fond de toi-même,
Ne voulant qu'il malmène,
Ton sexe des pieds à la tête,
Dans ton cœur dans ta tête,
L'amour est présent sans sexe,
Mais il y a dans le sexe,
Cette force inimaginable,
Qui fait bander sur le sable.

Alors tu en pris l'habitude, de jouir,
Des expériences justes pour rire,
Par le cul par le haut,
Tu verras c'est très chaud.
La tendre météo pour cette après-midi,
C'est de faire des petites cochonneries,
Moi en tous cas j'en ai envie,
Tu la mettras sans grands soucis,
La liberté de la femme du sexe,
Ce n'est pas être esclave du sexe,
Mais si tu veux du sexe,
Il n'y a rien qui te vexe,

Quand tu lui glisse ma main,
Il bande déjà vraiment bien.

Pas de soucis à l'horizon,
Il grimpera au plafond,
Cette relation de con,
Me défoncer l'oignon,
Car le cul c'est l'aventure,
C'est loin d'être une torture,
Pas pour toi,
Pas pour moi,
Car c'est dans l'ordre des choses,
Que le pousse, que l'on ose,
Reculer les limites du sexe,
Faire l'amour est un prétexte,
Pour s'envoyer en l'air devant la glace,
C'est comme cela que ça se passe.

Ne me dites pas,

Ne me dites pas qu'elle à dix-huit ans,
Ne me dites pas qu'elle est majeure,
Je suis certain qu'elle n'a pas seize ans,
Que c'est encore une mineure,
Un corps femme dans une enfant,
Elle ne sert qu'à mettre leur le sexe,
Ces petits anges aux yeux sanglant,
Ils ne regardent qu'à jouer du sexe.
Elle est pourtant si jeune cette fille,
Je devrais dire un enfant,
Mais pour sa modeste famille,
Elle doit rapporter de l'argent.

C'est comme cela que l'on fournit,
A des mecs tous ce dont ils ont envie,
En Thaïlande en y mettant le prix,
Tu peux toujours te mettre au lit,
Avec des gamines,
Qui ont la peut fine,
Alors toi tu ruine,
Leur beau corps intime,
Tu ne vois pas de honte en cela,
Pourtant c'est interdit cela,
Tu fais du tourisme de quoi,
Du sexe je ne te dis que ça.

Tu verras un jour viendras,
Tu te retrouveras dans une cage,
Et les autres détenus tu verras,
Ont contre les pédophiles la rage,

Ce n'est pas humain de s'enfiler un gosse,
Quand je pense à tous ses enfants,
Qui se font enculer par des très grosses,
Queue du haut de leurs douze ans,
Je crois qu'il est temps,
D'agir dès maintenant,
De faire pour longtemps,
La chasse aux mécréants.

Tu vois sait surprennent,
De trouver ces mots là-dedans,
Je dis ce que je ressens,
Je dis comme si mon sang,
Aller être bouillant, de voir ces enfants,
Qui en un instant se déshabillant,
Vont montrer à ces serpents,
Qu'eux ils ont du cran.

Jouissons ensemble

Jouissons l'un contre l'autre,
Jouissons dessus dans l'autre,
Viens partager avec moi, du plaisir,
Viens tu me sodomiseras, par désir,
Viens ensemble on se donnera,
Nus à la nuit qui viendra,
Dans les champs on ira,

A trois on partagera,
L'amour, le sexe, toutes les bonnes choses,
Que nous donne la vie que te dit la chose,
L'acte sexuel, lui-même, n'est pas mortel,
Alors que l'on arrête donc ce bordel.

La vie, la mort est amère sans le sexe,
Mon seul plaisir sur terre c'est le sexe,
Avec ma copine on joue les putes,
Avec un mec se n'ait pas la dispute,
Il me lèche la chatte et te pénètre,
Il m'encule devant la fenêtre,
Grande ouverte,
Mais déserte,
Par dehors alors on sort,
Pour baiser sur le port,
Les copains arrivent ensuite,
Ils vont tous montrer leur bite.

Un temps d'adaptation de l'anus,
Pour le vagin il faudra qu'ils sucent,
Excité je le suis clairement,
Je suis comme un enfant,
Qui avance à pas de géant,
Dans le jour qui m'attend,
Pour me voir faire l'amour à ma façon,
Avec des dizaines de beaux garçons,
Baiser n'a pas de prix, quand je joui,
Si tu te proposes à moi je te dis oui,
Mais jamais merci,
Tu as eu ton parti.

Prendre son pied quel préférence,
Avec un mec une fille quel nuance,

Les deux m'inspirent, indifférence,
Si l'on m'en prive quelle souffrance,
C'est loin d'être une évidence,
De mettre dans la balance,
Tu recule, tu avances pour moi la chatte,
Ne sera jamais vraiment toute plate.

Mais tout de même femme

Etre une lesbienne c'est normal,
Je trouve même ça très banal,
On se fait jouir autrement,
On a de vrai sentiment,
Une sexualité que l'on fait normalement,
Parfois avec de multiples instruments,
Mais la perversité des faits,
C'est que l'on nous a classifiées,
Notre sexualité est un méfait,
Elle pourrait même perturber,
Ces enfants bien trop doués,
Pour savoir bien distinguer,
Qu'on s'aime entre femmes,
Que brille une flamme,
Dans mes yeux,
Comme un feu.

Il est cependant vrai que je fais l'amour,
A d'autres de femmes que mon amour,
Mais ce n'est pas pour toujours,
Un simple et charmant détour,
Et on baise comme des chiennes,
On se sert parfois de chaines,
On s'envoie en l'air, le cul vers les étoiles,
On reste toujours ensemble toutes à poil,
Une me mettra sa langue dans le vagin,
Et l'autre dans les fesses qu'elle tient,
Il faut les écarter pour pouvoir accéder,
A l'anus que j'ai d'abord très bien nettoyé,
Même si je me fais enculer par une langue,
On moins nous parlons la même langue,
Avis aux perturbateurs et aux voyeurs,
Nous ne sommes pas nées il y a une heure.

Mais j'aime aussi le sperme dégoulinant,
C'est à déconseiller aux enfants,
De voir papa sur sa maman,
Qui se masturbe gentiment,
Au-dessus de sa mère qui ouvre la bouche,
Avec un autre type qui fera mouche,
Ferons sa fête à eux deux,
Avec la dame au milieu,
Par la chatte et son beau cul,
C'est fou comme elle se remue,
Que c'est beau ces êtres nus,
En accord c'est un bon cru.

Devant dessous

Devant les régiments,
J'écarterais mes reins,
Devant les présidents,
Je monterais mes seins,
Dans n'importe quel pays,
A l'endroit où je suis,
Je n'aurais dans ma vie,
Du plaisir ou l'ennuie.

Devant ce criminel pour sa dernière bise,
Je me fais pour lui un objet de désir,
J'approche de son corps pour une surprise,
Car au fond de moi mon corps le désir.
Devant l'immensité de cette cathédrale,
Je pas le porcher, je m'avance à poil,
Je me fais du bien sur toutes ses dalles,
Dans ce lieu bénis ma jouissance et royal.

De tous ces militaires qui écrasent la terre,
Je me fais leurs esclaves de leur pénis,
De toute cette armée qui foule notre terre,
Je ne veux de leur part que du supplice.
Qu'ils arrachent mon jupon,
Qu'ils me mettent toute nue,
Puis avec des jurons,
Qu'ils pénètrent mon cul.

Quand je vois ce matelot sur son navire,
J'aimerais avec lui faire une escale,
Ensuite il pourra me sauter dans ce navire,
Avec les colis dans le fond de la cale.
Je ne cesse de le vouloir,
Que l'on me viol sur un trottoir,
Mais mon espoir et dérisoire,
Je n'ai pas beaucoup d'espoir.

J'ai comme un chalumeau,
Qui me chauffe la chatte,
Ce serait vraiment beau,
Qu'un régiment me gâte,
Me traine dans le ruisseau,
Nue comme à ma naissance,
Mais cet instant si beau,
Il ne reste que de l'absence.

L'abstinence

Je ne supporte pas l'abstinence,
Car je perds toute ma patience,
Je cherche donc en permanence,

A combler cette dépendance.
Toi que je vois,
Défonce-moi,
Tu ne vois pas que je suis en manque,
Alors tu as trouvé en moi ta planque,
Sodomise-moi,
Réjouis-toi,
Ta jouissance viendra en moi,
Bien au fond de moi par toi,
Enfin tu connaîtras un endroit,
Ou tu peut-être le seul roi.

Je ne manque pas d'expérience,
Je ne supporte pas l'impertinence,
De ces femmes sans souffrance,
Qui baise que s'ils-y pensent,
Ma devise c'est d'agir rapidement,
Alors j'ai toujours un amant,
Qui vient d'urgence me rejoindre,
Quand l'envie vient à poindre,
Il ne se fait pas de fausses idées,
Mais adore à sec m'enculer,
Sa lui fait retarder un petit peu,
L'éjaculation que sa grande queue,
Me fera couler dans la bouche,
Que je prendrais comme une douche.

Il y a un endroit magistral,
Ou la relation toutes anales,
Ne se font pas dans un bocal,
Mais parfois par voie orale.
J'ai une pèche animal,
Quand j'entends ses sandales,
Avancer sur les dalles,

Mon instinct est bestial,
Je lui saute dessus à poil,
Qu'il me mette du gasoil,
Dans mon cul, mon anus,
J'en demande toujours plus,
De son sperme qu'il éjecte,
Il paye comme ça sa dette,
En vers moi pour om sexe,
Pour ne pas qu'il me vexe.

Mélancolie animal

Une copine, une chérie,
Moi au lieu du mépris,
Je l'accueillerais ici avec toi,
Crois, je l'écouterais comme toi,
Je l'aimerais pour toi,
Je l'aimerais pour trois,
Il y aura bien un jour ou tu la laisseras,
A ce moment-là je serais encore à toi,
Alors tu me prendras,
Bien sûr tu m'enculeras.

Un amour comme toi,
Ça ne se partage pas,
Tu n'es rien qu'à moi,
Ça ne s'invente pas,
Un désir comme cela pour toi,
Car pour l'amour tu es le roi,
Dans cette jouissance mutuelle,
Nous monterons au ciel.

Que les démons m'embrassent

J'ai très chaud la gorge,
J'ai bien chaud l'anus,
Il faut que je me gorge,
Du jus de ton anus.
Les flammes m'embrassent,

Dans une éternité de jouissance,
Ta verge que je masse,
Se dresse en forte puissance.
Je suis une déesse de sang qui m'inonde,
Le sang pur qui afflux et fait gonfler,
Ton sexe qui grossit, gicle et abonde,
Tu bien fais d'un sperme écrémé.
Je l'absorbe a grande lampé,
Ma gorge et bien lubrifier,
Il ne me reste plus qu'à enfiler,
Ton sexe presque l'avaler.

En moi la douceur d'une peine sacrifiée,
Aux caprices des anges et des démons dorés,
Je garde en moi la fraicheur d'un anus rassasié,
Par un garde du corps légendaire, décorés.
Il m'avait prise au printemps dernier,
Dans une auberge de la pleine Saint Denis,
L'hors d'un très grand vide grenier,
Mise toute nue, son engin doucement il le mit.
Je sans en moi la puissance des fous,
Qui cherches tous la jouissance absolue,
Il reste en moi une par les trois bouts,
Il faut me voir à l'action que je suis toute nue.
Il y a parfois derrière fois un démon qui secoue,
Mon être entier vers des endroits tabous,
Il y a souvent un homme qui me montre son bout,
Pour que je lui accord de le mettre partout.

Un jour, une partouze

La gloire d'un jour donné,
De n'avoir point démériter,
D'avoir sus partager,
De m'être bien donnée,
Que moi j'ai sucée,
Cette chose pas sucré,
Que j'ai appréciée,
Que je reprendrais.

La gloire d'une paire de fesses,
Une contrepartie sans cesses,
D'être chevaucher,
Par des étrangers,
Des gens inconnus,
Comme moi ils sont nus,
Elles me tendent leur chatte,

Oh là elles me gâtent.

Certaines seront jalouses,
Mais ça c'est la partouze,
Faire le plus de dégâts,
Chez ceux qu'on n'aime pas.
Mais moi j'en ajoute,
C'est comme une joute,
Mais le plus beau est pour moi,
Sa si belle queue sera à moi.

Là je pense à toi,
Toi qui n'es pas là,
Tu es dans tes draps,
Avec ton papa,
Qui vient souvent de voir,
Il reste tard dans le noir,
Tu sais qu'il te saute,
Ce n'est pas ta faute.

Je pense à ta mère,
La sœur de ton père,
Qui fait des affaires,
Avec son notaire,
Se ruine la santé,
Ne boit que du thé,
Elle est maltraitée,
Par se veille enfoiré.

Moi dans ma partouze,
J'ai soudain le blouse,
Je sors toute nue,
Au milieu des rues,
Tout le monde se ruent,

Dans la même tenue,
C’est la manifestions,
La queue dans l’oignon.

Bêtes, bêtes, bêtes

Le chien passe,
Poule trépasse.

Nous avons tous des désirs profonds,
Que notre éduction en fait interdiction.
C'est surement très bien,
Surtout avec les chiens.

Quand j'ai envie de m'envoyer en l'air,
Avec un pénis de chien toujours à l'air.
Je me garde bien,
De le dire à quelqu'un,
Car cela n'est pas bien,
Mais ça moi j'aime bien.
Le pénis du chien,
Glisse entre mes reins,
Je le mets dans ma chatte,
Avec une grande hâte.
Je jubile avec la bête qui me fait face,
C'est débile, je le trouve plein de grâce.
C'est un berger allemand de race,
Je le sens dans ma chatte qui passe.
Il agite fortement sa queue,
Je me sens beaucoup mieux.

Je me retourne sur le vente nue,
Après copulation je n'en peux plus,
Il vient me prendre par le cul,
C'est reparti, point de refus,
Tout est possible à cet animal,
Surtout par cette voie anale,

Il me croit être une chienne,
Pour l'instant je suis sienne,
Pour un bon moment,
Je prends du bon temps,
Je me laisse totalement aller,
Je crois que je vais planer.

Le chien se retire est se sauve,
Moi je me sens vivre en fauve.
Je suis une bête,
Très bien satisfaite,
Avec mon blaireau devant
Et puis un vagin dedans,
Je pense au sperme qui s'écoule,
J'étais un peu comme la poule,
Du chien qui me sauta si bien,
Que j'en reste sur mes mains.
Je me sens autrement bien,
Je veux qu'il revienne demain,
Je veux qu'il me reprenne qui il l'a fait,
Je veux qu'il recommence à éjaculer,
En moi.

Elle préfère se les faires

Le petit poney dans l'écurie,
C'est moche comme il s'ennuie,
Moi je vais en dessous de lui,
Ensuite je me déshabille entièrement,
Toute nue me voici sous lui,
Je lui prends sa bite très gentiment,
Je la suce doucement,

Pendant très longtemps,
Puis je l'enfonce prudemment,
Dans mon cul doucement.
Je fais des mouvements de va et vient,
Avec un sexetoys dans la main.
Que j'ai introduit dans mon vagin,
Pour me faire beaucoup de bien.

En très peu de temps,
Je jouis c'est étonnant,
Le poney quant à lui,
Ne fais pas un seul bruit,
Pourtant je sens qu'il apprécie,
Que lui avoir ainsi mis,
Son pénis en moi sa cavalière,
C'est une attitude primaire.
Je sans un jus couler dans mon corps,
C'est son sperme qui de moi ressort.
J'ai profondément envie de lui,
Comme un être que l'on envie,
Je recommencerais surement demain,
Si personne ne me dit rien.

Je passe en suite à l'autre boxe,
Ou se tient le bon vieux Roxe.
Ce cheval n'a pas connu de jument,
En tous cas pour l'instant.
Je n'ai pas encore mis mes vêtements,
Je trouve son poil très excitant.
Je prends une grande corde pour m'attacher,
Je la passe au-dessus de lui puis je lis mes pieds.
Je me retrouve la tête en bas,
Sa bite est comme mon bras.
Mais pour moi ça ne fait rien,

Je l'enfonce dans mon vagin.
Je m'agrippe à son pénis,
Car je veux qu'il jouisse.

J'aurais été sa jument,
Pour un bon moment,
Il a coulé sa semence,
Presque en permanence.
On a tellement fait de bruit,
Que mon père nous à surpris.
J'ai pris la raclée de ma vie je crois,
A grand coup de fouet sur moi.

Le beau rat

Quand je vois les burnes des rats,
Cela me donne des frissons,
Ils seraient gros comme un chat,
Cela éveille ma passion,
Je prendrais l'un de ces rats,
Aux fruits de l'exhibition.
Quand ma jupe tombera,
La culotte pas d'exception,
Quant au rat il me mettra,
Dans la chatte son hameçon.

De mes cuisses je le serrerais,
Son pénis sera bien rentré,
Dans mon corps il pourra s'agiter,
Et son fruit il pourra me donner.
Quand sa taille va augmenter,
Alors je me retournerais,
Sur mes reins il pourra monter,
Pour ensuite me pénétrer,
Par l'anus sera l'entrée,
Pour me sodomiser.

Mes seins vont se gonfler,
Mon corps va frissonner,
Mon anus va se chauffer,
Par ce rat bien agité.
Sur mes anches il va planter,
Ses griffes don-t-il est armé,
Ma peau il va lacérer,
Moi je ne vais pas hurler,
Ça fait partir de l'entrée,

Que mon corps à accepter.

L'animal ne se lasse pas,
Il m'encule n'en finit pas,
Ce gros rat qui n'est à moi,
J'attends qu'il me vide en moi,
Se jus blanc qui coulera,
De mon anus il sortira,
Mais on n'en est pas là,
Pour l'instant ça ne sort pas,
Il me chauffe se gros rat,
Enfin cela ne s'écoule pas.

Soudain j'entends d'autres rats,
Qui s'approche bien vers moi,
Ils me flairent montent sur moi,
Et puis l'autre qui ne finit pas.
Enfin s'écoule au creux de moi,
Un liquide qu'on ne nomme pas,
La jouissance n'ait pas là,
A cause de ses autres rats.
L'animal soudain se retira,
Un autre le remplaça,
Ainsi de suite tous ils grimpèrent,
Mon anus ils défoncèrent,
Même certains me léchèrent,
Ma chatte et je laissais faire,
Quoi dire, quoi faire ?
Je ne peux rien faire,
Que de me laisser faire,
Par ces petits mammifères,
Qui me prennent devant derrière,
Je suis un jouet pas de gouttières.

La quinzaine de rats passèrent,
Sur mon bien joli derrière,
Tous ils me pénétrèrent,
Tous semblaient se satisfaire.
Moi toute nue je suis par terre,
J'ai une envie de prendre l'air,
De partir de cette atmosphère,
De fuir de cette pauvre misère,
Le sang me boue dans les artères,
Seulement maintenant je touche terre.

Le grand étang

Je suis entrée nue dans l'eau,
De ce très grand plan d'eau,
J'avais envie de nager bien calmement,
Un objet à pénétrer très doucement,
Je n'ai pas pus le retirer avant,
Qu'il ne soit totalement dedans,
Mon vagin et je sans venant,
De dedans un truc bien vivant.
Je cri puis je me calme tranquillement,
Je dois voir cela au sec c'est évident.

Je n'avais pas nagé plus de dix mètres,

Quand d'autres trucs ont décidé de se mettre,
L'un dans mon vagin et deux par mon anus,
Dans mon corps des sexetoys, un peu plus,
Qui bougement comme l'on baise en moi,
Ces choses copuleraient donc dans moi,
Cela serait bien la première fois,
Je ressens comme du froid,
Qui viendrais de dedans moi,
J'espère que ça partira de moi.

Je me retrouve sur la berge,
Je ne me sens plus vierge,
Ces machins ont défoncé,
Ma fière virginité,
Je les sens un peu se calmer,
Ils vont peut-être s'en aller,
Non ils ne font que se reposer,
Pour plus tard recommencer.
J'essaie de les attraper de ma main,
Que je m'introduis au font du vagin.

Peine perdu cela en serre à rien,
Même l'urine de me serra à rien.
Par mégarde je m'assis,
Sur une puissante batterie,
La décharge électrique qui suivit,
A fait qu'ils sont soudain partis,
C'était de petits poissons long,
Très rapidement il fit un longeons,
Dans cet étang bien trop rond,
Mais vraiment très peu profond.

L'incident était clos pour moi,
Je ne savais pas qu'en moi,

Aller naitre dans quelques mois,
Ceux pour quoi ils venaient la,
Je senti bouger en moi des choses,
J'étais constipé par quelque chose,
Puis un jour de ma bouche sorti un poisson,
Je dû me mettre nue est resté en position,
Pour que sorte ces petits poissons,
Que je mis dans un aquarium du salon.

Une araignée étrange

J'étais allons sur la sable de la plage,
Totalement nue les cuisses écartées,
J'attendais la sur cette bande large,
Comme un intrus, un être oublier.
Celui-ci s'est manifesté sur la plage,
Sous la forme d'une petite araignée.
Voyant ma chatte bien ouverte,
Elle s'approcha sans que la vois,
Cette araignée totalement verte,
Très doucement elle profita,
Je senti un picotement certes,
Mais l'araignée en moi pénétra.

Au début je senti en moi une chose,
Cela m'amusa un peu, c'était doux,
Je me demander quel genre de chose,
Avait bien pu rentrer par mon chou,
Je mis des doigts pour touche la chose,
Elle me piqua les doigts ben au bout.
Je commencer un peu à avoir peur,
Surtout que la bête ferma l'endroit,
Je m'habillai avec grande frayeur,
Pour très vite quitter cet endroit,
Mais soudain comme une ardeur,
Un frémissement soudain me stoppa.

Je restais donc sur la plage,
Avec une araignée dans le vagin,
Qui s'amusée de long en large,
Jouant du clito dans le vagin,

C'est surprenant mais à mon âge,
On a tous eux dans le vagin.
Une araignée c'était la première fois,
Mais cette animal me plaisait bien,
Je me déshabillai une nouvelle fois,
Me trouvant nue mais le vagin,
Contre le sable pour cette fois,
Je fis jouissance elle partit soudain.

La pêche aux ablettes

Mon homme est allé à la pêche aux ablettes,
Il en a pêcher pas mal toute la matinée,
Mais savez-vous ce qu'il fit des ablettes,
L'après-midi il s'est totalement déshabillé,
Par le pénis il fit entrée nombre d'ablettes,
Dans sa vessie rien que pour s'amuser.
Je l'ai vue faire, je lui ai demandé,

De me mettre beau nombre de ces bêtes,
A moi aussi dans la vessie je voudrais,
Pour voir quel drôle d'effet font ces bêtes,
Dans la vessie quand je marcherais,
Moi cela me donna une envie de pisser.

Lui il les garda un bon moment,
Tellement longtemps qu'en baisant,
Il les avait encore bien dedans,
Après l'amour il alla un instant,
Dans les toilettes de l'appartement,
Il les pissa toutes en même temps

La femme médecin

Oh elle est super cette infirmière,
Les hauts talons les cheveux en arrière,
Le décolletée profond et la jupe courte,
En plus elle est blonde teinté j'en doute.
En fait elle est médecin
Et c'est ton médecin.
Dans la clinique ou tu es hospitalisé,
Tu vas avoir à faire à elle toute la journée.

Le soir même lors d'un touché rectale,
Elle le fit mette totalement à poil,
Il se mit à bander comme un poney,
Alors elle ne se fit pas du tout prier,
Pour se retournée,
Se déshabillée,
Se faire sodomisée,
Par ce bel excité.

Le lendemain ne mine de rien,
Elle vient en maillot de bain,
Un maillot jaune à deux pièces,
Dont elle fit tomber dans la pièce,
Ce retrouvant nue elle lui dit de se coucher,
Sur lui elle c'est de tous son corps allonger,
Puis de ses reins elle a fait jouer,
Pour bien se faire pénétrer.

Elle se redressa assise sur lui,
Ces yeux étaient d'un bleu nuit,

Plaisirs Sensuelle de Stéphane LE PINIEC

Ces seins bien pointus étaient droits,
Elle se secouer de haut en bas,
Ces cheveux lui tombés dans le cou,
Lui s'accroché un peu partout,
Il prenait dans les reins tous les accoues,
Elle se jeta sur lui toute à coup.

C'était fini pour cette fois,
Elle reviendrait une autre fois.
Bonne nuit lui dit-elle,
Salut ma demoiselle.

On ne croque pas, on suce !

Quand je vais voir mon amant,
Dans l'étable ou il est constamment,
Je fais comme disait maman,
Je lui présent le compartiment,
Ou il peut mettre tranquillement
Ma douceur, mon sucre lent
Je commence par la mettre à la bouche,
Mais attention, tu connais l'astuce,
Pour être sûr dans prendre plein la bouche,
On ne croque pas, tu le sais on suce.
Si éjacule trop je vais prendre la douche,
De ce clébard qui n'a pas de puce.

Je vais me mettre toute nue à présent,
Pour son contentement,
Son sexe est bien droit pour l'instant,
Il est maintenant temps,
De le mettre en moi un bon moment,
Qu'il m'encule à présent.
Ce chien aime beaucoup cela,
Sa langue me pend sur la tête,
Un doberman s'accouplera,
Avec toute les sortes de bête,
Comme pour c'est la fiesta,
D'être prise par cette bête.

Après son plaisir, le mien.
Je me retourne sur le dos,
Je rentre dans mon vagin,
Son beau pénis bien gros,

Il met sa tête sur mes seins,
Et s'agite aussitôt.
Il est fier l'animal,
Le gros doberman,
Ça ne fais pas mal,
Je suis une fane,
Un peu bestiale,
Je rêve d'un âne.

La bête ne fait pas l'être,

L'être n'est pas une bête,
Du sexe et paraître,
Même si ce n'est pas net,
Les fesses et peut-être,
Le vagin comme une dette.
La bête ne fait pas la différence,
Entre un cul ou une chatte,
La femme a elle sa préférence,
Douce comme une chatte,
Ne fait pas cela à outrance,
Reste un ou deux jours chaste.

Je suis entrée sans frapper

Je suis entrée dans le bureau du parton,
Il était avec un collaborateur,
Il avait baissé sur ses pied son pantalon,
Il embrasser le collaborateur,
Moi je tournais doucement les talons,
Car de mon parton je pris peur
Il me rattrapa par mon jupon,
Je devinais son ardeur.

Il me fit descendre doucement le jupon,
Il caressa mes hauts talons,
Mis sa tête sur ma culote, c'était bon,
Je retirais mes grands talons,
Son compagnon me baisa sur les tétons,
Il me fit hottée mes boutons,
Le chemisier tomba sur mes talons,
Ils envoyèrent des jurons.

Ils se déshabillèrent ensemble en cœur,
Ils furent bien tous deux nus,
Je retirai ma culote, j'eu un peu peur,
Je fus bientôt toute nue,
Le patron pris d'une soudaine fureur,
D'un coup papier mit à nue,
Mes seins encore protégés par pudeur,
Nous étions trois tous nus.

Ils commencèrent par me lécher,
L'un les seins et l'autre la chatte,
Puis sens prévenir ils firent entrés,
Leur pénis dans l'anus et la chatte.

Je fus pris en sandwich je jubilé,
Avec mes jambes je en toute hâte,
Je serais celui qui m'embrassait,
Je lui plaqué complètement la chatte.

Je pris mon pied comme jamais,
Eux aussi je le crois,
Car ils criaient, ils soufflaient,
J'étais pour eux leur proie,
Entre mes reins ils firent entrée,
La semence d'un bon mois,
Ils étaient peut-être des gays,
Mais ils avaient envie de moi.

Après ce temps passé en moi,
Ils retiraient leurs verges,
Ils me dirent « habille-toi »
Je fus comme sur une berge,
Ils en avaient assez de moi,
Je n'étais pas une vierge,
Je connaissais ces regard-là,
Ils ne bruleraient pas un cierge.

Le plaisir primaire

Restons ensemble dans le plaisir,
Restons aussi dans les désirs,
Ne faisons pas preuve de sentiments,
Des relations avec des purs sangs
Des façons bien rodées,
Comme baguette de fées.
Doit-on se faire sodomisé,
Que dira donc le poney,
Qui s'y sera prêté sans volonté,
Moi je crois qu'il aura bien aimé,
La douceur d'une fesse,
Vos biens toutes les caresses.

Moi je me veux objectif,
Point de rumeurs à vifs,
Sur ma sexualité,
Tant que n'ait gouté,
Me faire sodomisé,
Je ne pourrais dicter,
De règles absolues,
S'il me défonce le cul,
Je serais avisé pour de bon,
Mais rien dire serais con,
Le faire peut-être bon,
Mais ma foi me dit non.

Je connais bien des hommes,
Qui vont avec d'autres hommes,
Sont-ils inférieurs à des hommes.
Les femmes que nous sommes,

En rêve ou bien dans la forme,
Je ne veux pas qu'on déforme,
Ce que je sens,
Que je ressens,
Est toutes celles qui posent nues,
Pour se croire belle à la vue.
Il faut faire une différence,
Dans ce qu'on voie ou pense.

Faire de la psychologie,
Sur des styles de vie,
Doit' on faire un régime pour se plaire,
Se sont toutes des histoires de sal air.
Alors ne pollue pas,
Va et écarte-toi,
C'est ça que peut être tu diras,
Si je ne fais pas de plein droit,
Tous se qu'il me plairait,
Tous ce que je désirais,
Même si c'est un poney,
Qui va me sodomiser.

Mise à nue !

Un corps de charme,
Sous une pluie de larmes,
Où est le fer,
Qui l'a fait taire,
Cette de femme de beautés,
Qui n'a jamais aimé,
Rien que ce qu'elle voie,
Qui se met sur sa voie.
Sa majesté la tendresse,
C'est posé sur cette fesse,
N'a pu crier désespoir,
Elle reste nue dans le noir.

S'il y a un amant bien monté,
Qui s'approché pour la touché,
Il découvrirait,
Un corps de fée,
Devant sa nudité

Le 20 Avril 1233, Le Pape Grégoire IX annonce que la lutte contre l'hérésie n'est désormais plus assumée par les évêques sur les territoires français. Cette tâche est alors confiée aux Frères prêcheurs, ordre franciscain fondé par Dominique de Guzman. Créé pour convertir les Cathares, cet ordre dispose désormais des pouvoirs propres à l'Inquisition pour réaliser sa mission. Rapidement, les Frères s'installent dans les lieux stratégiques du sud de la France comme Toulouse, Montpellier ou Lyon. Les tribunaux de l'Inquisition auront un rôle crucial dans la répression des Cathares en France, et ils feront régulièrement usage des bûchers.

Ne craignant pas d'être prises pour des sorcières, certaines femmes s'adonnaient aux plaisirs primaires, avoir des relations avec des bêtes à quatre pattes. Elles se retrouvaient dans la forêt à la tombée de la nuit, de préférence quand la Lune est présente dans le ciel ces nuits-là, et prenant une jeune fille vierge avec eux, elles s'en allaient avec une paire ou deux de béliers, pour la clairière aux centre de la forêt.

Arrivées sur place, à un endroit ou un gros arbre avait été coupé jusqu'à la hauteur de l'entre cuisses, trois d'entre elles entreprirent de dévêtir la jeune fille pendant que les autres commençaient à exciter les béliers. La fille totalement nue fut placée sur le ventre, la cuisses bien écartées, liées aux poignets par une solide corde de telle sorte qu'elle avait l'anus bien présenté vers l'arrière, le ventre sur la souche de l'arbre abattu. Le calme se fit, les animaux furent lâchés et se mirent à tournés autour de la jeune fille pendant un petit moment, s'arrêtent par instant pour sentir l'anus qu'on leurs tend.

L'un des quatre se décide soudain et, les deux pattes avant de chaque côté de la jeune fille, il la pénètre d'un coup sec qui arrache un cri à la demoiselle. La pénétration va durer un bon quart d'heure, puis il se retire quand un deuxième prend la suite et engrosse la jeune femme. Le ballet des quatre animaux va durer plus d'une heure et demi. La voie de la jeune fille qui au départ donnait des signes d'inquiétudes, pris vite la tournure d'un souffle léger et continue puis, de plus en plus rapide jusqu'à au bout de trois quart d'heure, crier et vomir des injures de jouissance absolue. Les animaux, par son anus, s'en donnaient à cœur joie.

L'ultime instant arrivée, un bouc fut emmené, la jeune fille fut détachée et rendu à elle-même, libre à elle de donné une suite au spectacle qu'elle avait offert. En effet, elle saisit l'animal par le cornes puis, écartent les jambes, elle fit pénétrer le pénis du bouc dans son vagin. Elle entoura la bête de ses jambes puis se jetant les bras vers l'arrière, elle laissa l'animal accomplir son œuvre en elle. Un sourire et une grande jouissance se lit en elle à cet instant.

Pendant ce temps, les autres femmes se soulageaient de leurs vêtements de laine et de coton, nuent elles s'abandonnent au règne animal du plaisir. Une à une elles déposent leurs robes au même endroit que celui qu'elles avaient établi pour ceux de la jeune femme. Puis offrent quatre à quatre leur anus ou leur vagin aux quatre bêtes, elles profitent d'une jouissance primaire et peu banal.

Les femmes sont en transes, elles transpirent à grosses gouttes et pour celle qui ont choisi la pénétration par le vagin, elles s'agrippent de toutes leur force aux cornes de l'animal. Les jambes entourant les reins de la bête elles serrent de toute leur énergie dont-elles disposent dans les jambes de façon à bien plaquer le vagin contre le pénis du bélier ou du bouc dans celui-ci fut disponible pour ces gentes dames.

Le sport de la passion avec les animaux dure une bonne partie de la nuit et quand la Lune commence à se coucher, le Soleil poindre à l'horizon, les Onze femmes qu'elles sont reviennent au village du Dormant. Les vêtements bien tenus elles reviennent, comme ayant commis une petite infidélité à leur conjoint. La jeune fille qui par la même a perdu sa virginité se sent prête à la prochaine étape, celle de l'écurie.

Quatre semaines se sont passées depuis la pleine Lune et ce soir, une autre jeune femme sera soumise à l'animal. Quatre beaux béliers et deux boucs ont était choisi dans la bergerie du maître du village du Dormant. Les femmes, douze pour cette fois, ce dirigent vers la clairière de la souche. Une fois arrivée sur place, le même rite reprend comme la dernière fois, on dénude la vierge puis on l'attache solidement sur la souche de l'arbre. Cette dernière commence à se plaindre et à pleurer par peur de ce que l'animal va lui faire. Sur ce nous nous mime à rire, elle pleure de plus belle mais il ne s'en faut guère plus pour exciter les béliers qui se bousculent presque au portillon de son anus. La jeune femme hurle un grand coup par la surprise puis, se soumet à la bête, a-t-elle le choix ?

Le plaisir qu'elle va avoir durera cette fois plus de deux heures, lorsque on la détache certaines d'entre nous sont déjà nues et pour ce qui concerne la précédente candidate, elle a déjà pris mon pied avec un bouc en pénétration vaginale. La jeune femme fraichement dépucelée va faire une expérience qui na va la surprendre. Un gros chien solitaire passe par là, voyant et sentant que l'on s'amuse bien, voulu prendre part aux réjouissances et, pendant que la jeune femme se repose sur le dos, la tête en arrière dans le vide, s'abandonnant à elle-même, se vit pénétré par les voies vaginales par le Saint Bernard. Elle émit un cri de surprise très vite calmé par le plaisir qu'elle en éprouva. Elle entoura la bête tellement fort avec ses jambes que les bourses de l'animal passèrent dans le vagin. La jeune fille en éprouva une sensation si forte qu'elle ne voulut plus se dégager de la bête. Ce dernier fini par se retirer puis partir, au bout d'une bonne heure et quart de pénétration.

A la pleine Lune suivante se fut à onze à nouveau qu'elles allaient à la clairière avec encore une autre jeune vierge. Ainsi il s'en suivit cette fois-là une longue nuit pour les femmes avides de sexe animal. Elles ne font pas que de se faire pénétrer du reste, lorsque la bête est sur le point d'éjaculer, elle le masturbe un peu plus pour faire sortir le sperme qu'elles sucent chacun leurs tours pour l'absorber par la bouche. Une fois qu'elles ont le vagin et l'anus bien rouge d'avoir été ainsi malmené par les bêtes toute la nuit, elles reviennent au matin le regard livide et rouge.

Quel beau cul elles ont toutes ses jolies demoiselles ou ces dames, pourquoi ces plaisirs si primaires. Une initiation toutes jeune, c'est la tradition secrète dans le village. Elles ont instauré entre elle les plaisirs extrêmes du sexe avec les petits animaux mais aussi les grands.

C'est ainsi que à la pleine Lune, un attroupement de vingt-trois femmes dont trois totalement nues, assises sur un cheval chacune, se dirigent avec trois ânes six béliers et quatre boucs, vers la clairière de la souche. Une fois arrivée sur place la cérémonie est différente, les trois jeunes femmes nues descente de leur monture et s'ont accompagné vers des gros arbres couchés. Les trois ânes les suivent puis il leurs ais demandés de se laissé allé sur le dos sur le tronc d'arbre. Les ânes sont approchés de leur vagin qu'ils flairent puis laiches pour ensuite grimper sur le tronc d'arbre et entrée violement leur pénis dans le vagin de ces demoiselles.

La pénétration est brutale, elles ont la poitrine collée contre l'animal qui les empêche presque de respirer. Le pénis de l'animal est plus duré que celui du bélier ou du bouc, il est plus gros aussi est bien que le temps de la pénétration fut plus courte elle parue plus longue. Le vagin rouge et enflammé en sortie ainsi bien irrité, un moment de repos fut accordé aux jeunes femmes puis il leurs fut demandé de se retournée et de se mettre à plat ventre sur le tronc d'arbre. Elles le fient sans aucune instance se doutent bien que c'était au tour des chevaux de venir en elles. En effet les sabots ne trompèrent gère, les chevaux vinent passer par-dessus l'arbre et leur entrèrent le pénis dans l'anus. Sans aucune préparation si ce n'est un graissage des voies de pénétration à base de graisse de porc.

Le pénis du cheval entra jusqu'à l'intestin et donnèrent des nausées aux trois jeunes femmes. Pendant la durée des rapports sexuel entre les filles et les chevaux, les filles gémissaient et commencèrent à perdre du sang par l'anus. Les chevaux très délicatement retirer pour ne pas qu'elle face de mal aux filles qui, juste aussitôt se mirent à vomirent toutes les trois. Mais il leur fut demandé comme ultime supplice, de sucer le sperme des chevaux à grosse gorgées. Pendant qu'elle se livrée à cette dernière besogne, de la mousse avec des herbes médicinales fut introduit dans leur anus afin de soigner les écoulements de sang.

Ce fut une belle partie de débauche avec les animaux, les unes se faisant pénétrer par un bouc, d'autres par les béliers, par le vagin ou par l'anus ou même la bouche, tous les orifices sont permis. Le sperme des bêtes coule des bouches à grands flots pour en blanchir les seins et le corps des femmes. Ces dernières se lave avec partout jusque dans les cheveux longs pour toutes les femmes. Ensuite, les bêtes furent attachés, toutes allèrent se baigner dans l'étang non loin de là.

De retour au village toutes se mirent d'accord pour que la prochaine fois, nous emmenions que les chiens. Nous avons une douzaine de gros chiens de

même cadence que lui, puis je desserre tous, je mets mes pieds sur le sol et je soulève mon bassin dans sa direction le plus haut possible. L'animal peut ainsi se dégager à tout moment s'il le souhaite. Mais il ne le fera pas car je la connais bien la bête, il en redemandera jusqu'au bout. Je me couche totalement sur le dos, écartent grand mes cuisses les mains touches presque le bout de mes pieds. Le chien est toujours sur moi en train de me pénétrer, je suis en sueur, profitant qu'il se retire un moment, je me retourne, les jambes pliées sous mes seins, la tête au niveau des genoux. Le chien ne perd pas une minute, il me défonce l'anus immédiatement.

Nous sommes toutes ravie de cette nuit qui se fini au petit matin, nous regagnons le village mais en route nous sommes arrêtées par nos époux, les pères pour certaines d'entre nous. Une voie raisonne, « Je les ai vues, elles sont possédées par les démons, elles se font pénétrer par les chiens ». C'est la voie d'un des garçons, le fils de la Ruth, qui nous interpelle ainsi devant nos hommes, « Oui, répond un autre des garçons, je les ai vues aussi avec les boucs et les porcs ». Nous sommes reconduites au village et toutes enfermées dans la porcherie.

Un émissaire est envoyé auprès des Frères prêcheurs de l'ordre des Franciscains, nommé par le Pape lui-même pour mener à bien l'inquisition. Qui sont les seuls habilités à juger de tels actes démoniques.

Un Frère ne tarde pas à arriver sur place et s'installe dans les appartements du prêtre du village. Il exige une présence permanente du père à ses côtés, se rendent régulièrement entre la forêt et la porcherie. Là il se livre à l'interrogatoire des plus humiliant de chacune des femmes et des jeunes filles. Les unes après les autres elles vont répondre « Oui », à la question si elle est une sorcière. Elles seront toutes, toutes les femmes du village, condamnées au bucher.

C'est le jour de la pleine Lune qu'elles sont exécutées ensemble attaché à un poteau, avec tous les animaux du village. Elles sont brulées vif dans un même gigantesque brasier. Les hurlements de se charnier s'entend encore dans la contrée de nos jours, les matins quand il y a eu la pleine Lune.

Les plus belles leçons de sexe, c'est parfois avec les animaux que l'on prend son pied. C'est bien dommage car avec l'autre sexe, il y a tellement de choses à apprendre. Moi qui suis un homme, je me suis mis dans la peau d'une femme, dans la majeure partie de cet ouvrage. Si j'ai fait rêver ou jouir des hommes, cela été mon intention car un auteur, se doit, pour ses lecteurs de se mettre dans toutes les situations et de faire rêver. Je peux avouer que parfois j'ai pris mon pied, avec des inventions de mon cru. J'ai pris une petite documentation sur internet comme support à mes délires. Les zoophiles existent vraiment, ce n'est pas une secte juste un comportement qu'ils ont avec les animaux. Je ne les culpabilise pas, ils font ce qu'ils veulent avec leur sexe. Je dirais même qu'en acceptent les comportements homosexuels, on se doit de respecter les zoophiles. Ainsi je crois que chacun est libre de choisir son orientation sexuelle sans avoir de compte à rendre. D'une façon générale, je crois, que l'on est ouvert à tous et, aux éventuels dérivent, ou on est ouvert à rien, il faut faire un choix. Mais on ne doit pas faire de l'argent ni faire participer les enfants à des exhibitions sexuelles. Le sexe est une affaire trop importante dans la vie, pour ne pas que l'on règle les différents en public. Moi je vends du rêve, pas des sentiments, pas de jugement, par de leçons de morale. Je ne veux que faire du rêve, se faire balader dans les avenues perdues de l'imaginaire.

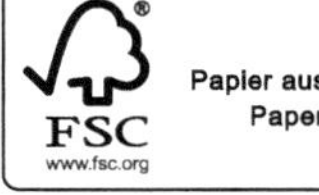

MIX
Papier aus verantwortungsvollen Quellen
Paper from responsible sources
FSC® C105338

Printed by Books on Demand GmbH, Norderstedt / Germany